Kay Löffler:

KRYSTYNA

- Eine Ausländerakte -

http://kayloeffler.eu/

Danke an

Dieter Behlert

der viel zu früh verstorben ist

für seine Mithilfe

Kay Löffler

Krystyna

- Eine Ausländerakte

ISBN-13:
978-1500622992

ISBN-10:
1500622990

3. Auflage

3,75 Euro (Druckfassung)

Krystyna

Fast jeder kennt sie, diese Atmosphäre in den kleinen Gerichtssälen. Es ist nahezu still, jemand niest, ein anderer räuspert sich, aber jeder verhält sich möglichst ruhig, will nicht auffallen.

Beklemmend ist das für die auf den Besucherbänken, für die Zeugen und die Angeklagte. Nur der Verteidiger, der Vertreter der Staatsanwaltschaft, der Richter natürlich und seine Helfer kennen die täglichen Spielregeln. Routiniert werden Akten aufgeschlagen, hin- und hergeschoben, durchgeblättert. Dann hebt sich der Blick des Richters, schweift über die Köpfe der Zuschauer hinüber zu dem Tisch, an dem die Angeklagte sitzt.

Richter: „Wir verhandeln in der Sache Krystyna Boszko, geborene Psyzora. Angeklagt wird Frau Boszko. - Das sind Sie?"

Die Angesprochene zögert, als sei sie ihrer eigenen Identität nicht sicher. Als sie dann spricht, nur dieses eine Wort, hört der ganze Gerichtssaal, dass hier eine Ausländerin angeklagt ist.

Krystyna: „Ja."

Richter: „Frau Boszko, wann sind Sie geboren?"

Krystyna : „23. November 1965."

Richter: „Und wo?"

Krystyna: „Polen ... Nähe Kozienice.“

*

Der 23. November 1965 war ein kalter Tag in Polen, ganz besonders in Kozienice. Wind und Regen zerrten an dem kleinen Haus, in dem Krystyna geboren werden sollte, zerrten in einer Lautstärke, dass das Stöhnen der Gebärenden kaum zu hören war.

Die Männer der Familie warteten in dem kargen Wohnzimmer, während sich die Hebamme im elterlichen Schlafzimmer um Krystynas zukünftige Mutter kümmerte.

„Pressen!“ befahl sie, und, nach einer kleinen Pause, während der ihre Hände fast zwischen den Beinen der Stöhnenden verschwanden, eintauchten in den Schoß, der gleich Leben spenden sollte, der den Anfang des Schicksals jener Angeklagten namens Krystyna bildete: „Mein Gott, es liegt verkehrt!“

Die Gebärende stöhnte erneut auf, bereute diese Schmerzen für die wenigen Sekunden des Glücks vor neun Monaten, doch die Hebamme wühlte weiter in jenem Bereich, der quälte, als solle ihr ganzer Körper aufgerissen, geteilt werden.

„Ja“, sagte sie erregt und fuhr dann fort, wobei sie sich bemühte, ihre Stimme wieder beruhigend klingen zu lassen: „Jetzt ist es soweit.“

Die Männer hinter der Tür und den dünnen Wänden hörten den Schrei der Frau, dann den eines Babys.

„Ein Mädchen!" rief die Hebamme mit einer Begeisterung, als wären ihr das die liebsten Wesen auf dieser Erde. „Es ist ein Mädchen."

*

Richter: „Gingen Sie zur Schule?"

Krystyna: „Acht Jahre."

Richter: „Wie war Ihre Familie?"

Krystyna: „Ich war zweites Kind. Vater ist Sinti, ich auch. Es ging so ... Bis sich meine Eltern trennten."

Richter: „Und dann kamen Sie nach Deutschland?"

Krystyna: „Ja. August 81. Mit Mutter. Und mit Schwester. Erst ein Übergangsheim, dann in die Stadt ..."

*

… Die Bahn füllte sich am Hauptbahnhof. Menschen unterschiedlichster Art drängten hinein in den engen Raum. Sämtliche Sitzplätze waren besetzt, Stimmengewirr und Fahrgeräusche verschmolzen zu einer eintönigen Hintergrundkulisse.

In Höhe des Hansa-Hochhauses zogen die Rückwände alter Häuser vorbei, so nah, als könnte man sie berühren, ihre Wände befreien von dem alten, grauen Putz, den abblätternden Farben.

Balkone grenzten an den Gleisen, die Gesichter der Bahnpassagiere spiegelten sich in Wohnungsfenstern, hinter deren Scheiben schattenhafte Bewohner existieren.

Später nahm die Bebauung ab, das Land wurde ebener, übersichtlicher. Auf brachliegenden Grundstücken lag Schnee, der wirkte, wie mit Ruß bedeckt.

Krystyna: „Die großen Städte, hat mein Opa immer gesagt, zerstören alles. Wenn Schnee fällt, bleibt er nur ein, zwei Tage weiß. Dann wird er grau ... Schmutzig ... Und so geht es auch den Menschen dort."

Von Haltestelle zu Haltestelle leerte sich die Bahn. Als sie in den Tunnel des Trabantenvorortes einfuhr, hatte sich die Art der letzten Passagiere verändert: Verschwunden waren die Geschäftsmännertypen und Büroarbeiter mit Aktenkoffern und Krawatten. Verschwunden waren die Frauen mit natürlich-damenhaftem Aussehen, mit wöchentlich neuer Frisur, mit perfektem Make-up, der genau ausgesuchten Kleidung. Verschwunden waren weichbärtige, Brillen tragende Jugendliche in Jeans und bunten Hemden, diese Typen mit unverwechselbarem

Studenten-Gesichtsausdruck.

Die Bahn fuhr ächzend an den grauen Betonwänden vorbei, glitt in die viel zu große, kalte Halle mit ehemals weißen Wänden, nun grau-gelb, wie von Nikotin bedeckt. Auch die blauen Kacheln brachten keine Wärme. Das gelang nur einem Bündel Sonnenstrahlen, das über die Treppen tief in die Erde drang. In seinem Licht schwebten ruhelos Schmutzpartikel und dort, wo es auf einige Quadratmeter des dreckigen Bodens fiel, stand eine Gruppe vermummter Musliminnen. Schweigend genossen sie dieses kleine Stückchen Wärme.

Krystyna: „Polen kann kalt sein. Deutschland ..."

*

Unpersönliche Flure im Ausländeramt. Massenabfertigungsstellen wirken alt und abgenutzt und niemand weiß zu sagen, ob sie es von Anfang an waren oder ob die Massen ihre Spuren hinterließen.

Unpersönlich. Nicht Kälte, eher die Wärme einer dunklen, muffigen Höhle ausstrahlend. Bunt zusammengewürfelt die Besucherstühle. Reste alten Mobiliars, ausgemustert, wie die dort wartenden Menschen. Repräsentativ sind nur die Flure in der Chefabteilung.

Nicht anders die Büroräume. - Und der

Beamte dort, ein Blatt in den Händen, die Ellbogen aufgestützt und bemüht, den richtigen Abstand zu seinen Augen zu finden, las nüchtern vor, bewegte dabei kaum den Mund, kein Muskelzucken in seinem steinernen Gesicht.

1. Beamter: „Erklärung: Hiermit erkläre ich, Krystyna Psyzora:

Aufgrund der derzeitigen politischen Verhältnisse in meinem Heimatland kann ich dorthin nicht zurückkehren. Ich bitte daher, mir die Aufenthaltserlaubnis für die Bundesrepublik Deutschland zu erteilen. Mir ist bewusst, dass ich mit der Erteilung beziehungsweise Verlängerung meiner Aufenthaltserlaubnis nicht mehr rechnen kann, sobald sich die Verhältnisse in meinem Heimatland ändern. Eine Ver-festigung meines aufenthaltsrechtlichen Status durch die Erteilung - Schrägstrich Verlängerung der Aufenthaltserlaubnis erfolgt daher nicht."

Er schob das Blatt zu Krystyna hinüber. Eine routinierte Bewegung mit der linken Hand, so dass es um 180 Grad gedreht vor ihr zum Liegen kam, während seine rechte ihr zeitgleich den Billigkugelschreiber hinüberreichte.

„Unterschreiben Sie den Antrag da ..."

*

Krystyna: „Was sollte ich denn anderes tun? Ich war ja auch nicht mehr alleine in Deutschland, hatte Steffi am See kennen gelernt. Ich fand das toll: so eine große Clique.

Manchmal war er schon komisch. An vieles musste ich mich erst gewöhnen. Aber die Zeit mit den vielen Freunden war auch schön.

Im Herbst zog ich zu ihm. Dann kam der Krach mit meiner Mutter. Sie wollte zurück und ich sollte mit. - Weg von meinen Freunden, zurück nach Polen."

*

Dasselbe Büro, derselbe trockene Mann hinter demselben Schreibtisch mit derselben routinierten Stimme. So, als wären nur wenige Sekunden verstrichen, ohne jede Spur an ihm zu hinterlassen.

1. Beamter: „Niederschrift. Es erscheint Frau Henryka Psyzora, derzeit wohnhaft: Köln, Osloer Str. 26, und erklärt: Seit August halte ich mich mit meiner Tochter Krystyna Psyzora im Bundesgebiet auf.

Ich bin nach reiflicher Überlegung zu der Überzeugung gekommen, nicht länger hier zu bleiben. Mein Mann lebt nach wie vor in Polen, wir haben uns nicht scheiden lassen. Meine Tochter hat gewisse Schwierigkeiten, sich mit den Gegebenheiten der westlichen Welt in der notwendigen kritischen Weise auseinanderzusetzen und vertraut zu machen. Ich erkläre deshalb ausdrücklich, dass ich nunmehr nach Polen zurückkehren werde. Ich habe auch die Absicht, meine minderjährige Tochter Krystyna mitzunehmen, hinsichtlich derer ich die elterliche Gewalt wahrnehme und somit auch das Aufenthaltsbestimmungsrecht habe.

Den Antrag auf Asylgewährung meiner Tochter Krystyna bitte ich als gegenstandslos zu betrachten und nicht weiter zu verfolgen. Die Ausreise werde ich in zwei Wochen vollziehen.

V.g.u.

(Vorgelsen, genehmigt, unterschrieben): Henryka Psyzora,

Geschlossen: Merkel, Stadthauptsekretär."

*

Krystyna: „Acht Monate hat es gedauert. - Mit meinem Verlobten ging es so auf und ab, aber ich kam nicht von ihm los. Manchmal drohte er mir. Manchmal hat er mich auch geschlagen. Aber zu Mutter zurück? Oder alleine leben? Von den paar Mark? Und die anderen Männer waren auch nicht besser. Und immer diese Angst. Acht Monate ... Dann kam der Brief."

*

Das Bundesamt für die Anerkennung ausländischer Flüchtlinge unterscheidet sich von den Ausländerämtern der Städte. Hier bersten die Flure nicht über von Menschen, die auf eine Entscheidung über ihr weiteres Schicksal warten. Die Beamten tragen hier noch Krawatten und Jacketts und ihre Kunden sind weit genug entfernt, um emotionslos über sie richten zu können.

Ein Krawattenbeamter blätterte mit der Linken in einer Akte, während er mit der Rechten das Diktiergerät hielt.

„Chef, was machen wir in dieser Sache?" fragte er sein Gegenüber und warf die Akte auf den anderen Schreibtisch.

Der Angesprochene warf nur einen kurzen Blick auf den Aktendeckel.

„Psyzora?" fragte er. „Das alte Spiel: Wenn wir irgendeine rechtliche Möglichkeit haben, sie loszuwerden ... Dann weg damit."

Er warf die Akte wieder zurück und stand auf: „Viel Spaß. Wenn du mich suchst: Ich bin in der Kantine."

Der Krawattenbeamte verzog angewidert das Gesicht, führte seine Waffe zum Mund und spulte zurück:

„Der Antrag auf Anerkennung als Asylberechtigte wird hiermit abgelehnt. Die Antragstellerin erfüllt nicht die

Voraussetzungen des Artikel 16 Absatz 2 Grundgesetz. Absatz.

Begründung, Doppelpunkt, bitte unterstreichen und Absatz."

Er öffnete mit der Linken die Schreibtischschublade und zog seine Musterkladde hinaus. Dann diktierte er weiter, während seine Augen Zeile für Zeile die Vorlage hinunterglitten:

„Für den Begriff der politischen Verfolgung wird in Anlehnung auf den Flüchtlingsbegriff des Artikel 1 der Genfer Konvention von 1951 vorausgesetzt, dass dem Ausländer die Rückkehr in seinen Heimatstaat nicht zugemutet werden kann, weil er für seine Person die auf Tatsachen begründete Furcht vor einer staatlichen Verfolgung wegen seiner politischen Überzeugung hegen muss. Punkt, neue Zeile. Dieses ist erst zu bejahen, wenn sich bei verständiger Würdigung der Umstände des Einzelfalls der Schluss aufdrängt, dass dem Asylbewerber bei Rückkehr in den Heimatstaat mit beachtlicher Wahrscheinlichkeit Verfolgungsmaßnahmen mit unmittelbarer Gefahr für Leib, Leben, persönliche Freiheit, wirtschaftliche Existenz oder andere fundamentale Menschenrechte drohen. Das trifft bei der Antragstellerin aber nicht zu. Neue Zeile.

Die Antragstellerin hat keine einzige gegen sie gerichtete politische Verfolgungsmaßnahme dargetan. Die Unfreiheit, die die Antragstellerin in ihrer kommunistischen Heimat empfunden hat, ist kein Asylgrund im Sinne des Gesetzes. Unter diesem Druck des Regimes leiden fast alle Staatsbürger ihres Heimatlandes. Absatz.

Nach Artikel 288 des Polnischen Strafgesetzbuches wird mit Freiheitsstrafe bis zu 5 Jahre bestraft, wer ohne die erforderliche Genehmigung die Grenze überschreitet. Durch diese Strafbestimmung wird ausschließlich die polnische Staatsgrenze davor geschützt, dass diese illegal, also ohne behördliche Genehmigung, überschritten wird.

Nach Auskunft des Institutes für Ostrecht besteht kein Anlass zu der Annahme einer Bestrafung in jenen Fällen, in denen der polnische Staatsbürger das Land zwar erlaubt verlassen hat, aber nicht rechtzeitig vor Ablauf der Gültigkeitsdauer seines Reisepasses zurückkehrt. Absatz.

Auch seitens des Auswärtigen Amtes wird eindeutig bestätigt, dass Fälle einer derartigen Bestrafung nicht bekannt geworden sind.

Aus all dem folgt, dass Artikel 288 Polnisches Strafgesetzbuch nicht die Republikflucht, sondern lediglich den Verstoß gegen die öffentliche Ordnung unter Strafe stellt.

Bei der Ahndung eines passrechtlichen Verstoßes handelt es sich aber nicht um eine politische Verfolgung, sondern um eine auch in westlichen Staaten übliche Sanktion. Absatz.

Die Antragstellerin braucht nicht zu befürchten, dass ihr im Falle der Rückkehr wegen ihres längeren Auslandaufenthaltes nach Artikel 79 der polnischen Verfassung von 1972 eine politisch motivierte Bestrafung droht. Artikel 79 macht in Nr. 1 „Wachsamkeit gegen Feinde des Volkes und strenge Wahrung der Staatsgeheimnisse" zur Pflicht eines jeden Staatsbürgers und bestimmt in Nr. 2:

„Vaterlandsverrat, Spionage, Schwächung der Streitkräfte, Überlauf auf die Seite des Feindes, wird als schwerstes Verbrechen mit der ganzen Strenge des Gesetzes bestraft".

Er legte das Diktiergerät beiseite, räusperte sich, ging zu der Fensterbank, schüttete sich einen Kaffee ein. Die große Bürotasse war seit Wochen nicht mehr gespült worden, doch in Büros sind die hygienischen Ansprüche nicht so hochgeschraubt wie daheim. Genussvoll schlürfend kehrte er zu seinem Schreibtisch zurück, spulte kurz zurück und fuhr fort:

„Neue Zeile: Polnische Staatsangehörige haben jedoch auch bei Bekanntwerden des Asylantrages nur dann mit Verfolgung zu rechnen, wenn sie sich als aktive Regimegegner hervorgetan haben. Diesem Personenkreis ist die Antragstellerin nicht zuzurechnen, denn ihr Verhalten und ihre Lebensumstände bieten keine Anhaltspunkte für eine Regimegegnerschaft.

Es lässt sich nicht ausschließen, dass der Antragstellerin bei einer Rückkehr nach Polen - insbesondere aufgrund der dortigen wirtschaftlichen Verhältnisse - Nachteile erwachsen. Die Möglichkeit einer Diskriminierung bei der Wohnungs- oder Arbeitsuche lässt eine Rückkehr jedoch nicht unzumutbar erscheinen. Wenn die Antragstellerin in Verkennung der tatsächlichen Situation eine subjektive Furcht vor politischer Verfolgung empfindet, so wird ihr diese durch die mit Beschluss der Innenministerkonferenz vom 26.08.1966 geschaffene Regelung genommen. Danach werden Asylsuchende aus Ostblockstaaten selbst dann nicht in ihr Heimatland abgeschoben, wenn ihr Asylbegehren rechtskräftig abgewiesen wird.

Neue Zeile.

Der Antrag war daher abzulehnen. Die beigefügte Rechtsmittelbelehrung ist Bestandteil dieses Bescheides. Punkt. Ende des Diktates."

Er schaltete ab und rieb sich müde über die Augen. „Meine Scheiße, war das wieder ein Ding ...", sagte er.

*

Krystyna: „Ich hab' diesen Brief nicht

verstanden. Nur diesen einen Satz: „... wird abgelehnt".

Eine Stunde lang hab' ich auf dem Balkon gestanden ... Geheult hab' ich. Und immer wieder gedacht: Springen oder nicht. Von da oben, neunzehnter Stock, sah alles so ... Abstoßend und schön zugleich. Die großen Häuser und dahinter das weite Land ... Nero kam, mein Schäferhund. Vielleicht wollte er mich trösten, vielleicht hatte er Hunger. Aber das Geld war alle."

*

Im Hintergrund einlullende Kaufhausmusik, hin und wieder unüberhörbare Versprechungen über unzählige Lautsprecher. Das Auge zeigt, was das Herz begehrt. Das Ohr vernimmt, was das Auge übersehen hat.

Passantin: „Was machen sie denn da? (Überrascht): Polizei! Die da ... Die klaut!!"

*

In Polizeigebäuden laufen die Uhren oft noch anders, zumindest was die Ausstattung betrifft. Oft wird dort auf alten mechanischen Schreibmaschinen geschrieben und bevorzugte Schreibart ist das Adler-System: Der Zeige- oder Mittelfinger kreist über die Tasten, bis das

Auge den gesuchten Buchstaben gefunden hat. Dann folgt ein blitzschnelles Niedersausen und ein scharfes „Klack" verrät, dass der Übertragungsweg Geist - Finger - Schreibmaschinentaste - Hebel - Papier stattgefunden hat.

Polizeibeamter:
„Sachverhalt: Taschendiebstahl.
Die Beschuldigte Krystyna Psyzora ist am 17.02. nach einem Taschendiebstahl festgenommen worden. Bei einer Durchsuchung konnte das Diebesgut nicht bei ihr vorgefunden werden.
Am 21.03. wurde sie erneut nach einem Taschendiebstahl vorgeführt. Die Geschädigte hatte das Öffnen ihrer Tasche bemerkt und sprach die Beschuldigte sofort an. Bei einer Durchsuchung konnte die entwendete Geldbörse wiederum nicht vorgefunden werden. Durch einen hinzugezogenen Hausdetektiv wurde die Polizei verständigt.
Während des Wartens auf den Streifenwagen hatte die Geschädigte gemerkt, dass die Beschuldigte etwas fallen ließ.
Bei einer Nachschau stellte man fest, dass sie mit einem Fuß auf dem entwendeten Portemonnaie der Geschädigten stand.
Obwohl die Beschuldigte einwandfrei des Diebstahls überführt ist, bestreitet sie energisch den Schuldvorwurf. Angeblich hatte sie die Geldbörse der Geschädigten

gefunden und sie unter ihre Achsel geklemmt, um sie später bei einer Verkäuferin abzugeben.

Meyer, Kriminaloberkommissar."

*

Krystyna: „Das war nicht das erste Mal. Nur das erste Mal, dass sie mich erwischten. Für Steffi und seine Freunde war das nichts Besonderes. Jeder von ihnen klaute, wenn Geld gebraucht wurde.

Aber wenn man erst einmal erwischt wird, wird man immer erwischt.

*

Polizeibeamter:

„Kripo Köln, 6.K. Tagebuchnummer 612 033/84 Betrifft: Taschendiebstahl: Die Beschuldigten Petra Trautmann und Krystyna Psyzora haben am 07.05. gemeinsam in Köln 1, Hohe Straße 465, im Kaufhaus Boelcke eine Kundin bestohlen. Nach den bisherigen Ermittlungen hat die Beschuldigte Psyzora den Diebstahl ausgeführt und das aus einer Handtasche entwendete Portemonnaie mit 520 D-Mark an die Beschuldigte Trautmann weitergegeben. Die Geschädigte hatte den Diebstahl jedoch bemerkt und konnte die Trautmann bis zum Eintreffen der Polizei festhalten, während sich die Psyzora entfernen konnte. Während des Festhaltens wurde von einer anderen Zeugin beobachtet, wie die Beschuldigte Trautmann die Geldbörse der Geschädigten zwischen Blusen schob, die auf einem Verkaufstisch auslagen."

*

Urkundenbeamtin: „Amtsgericht Brühl. Im Namen des Volkes ergeht folgendes Urteil: In der Strafsache gegen die arbeitslose Krystyna Psyzora wegen versuchtem Diebstahl hat das Jugendgericht Brühl in der Sitzung vom 21.02. dieses Jahres für Recht erkannt: Die Angeklagte ist des Diebstahls schuldig. Gegen sie wird eine Freiheitsstrafe von vier Monaten verhängt. Begründung, Doppelpunkt, Absatz.
Die Angeklagte bestreitet ihren Lebens-unterhalt aus Mitteln der Sozialhilfe. Nach eigenen Angaben ist die Angeklagte unentschlossen, ob sie auch weiterhin mit ihrem Partner, von dem sie mehrfach misshandelt wurde, zusammenbleiben will. Wie sie glaubwürdig vorträgt, hat sie zumindest einen Teil der von ihr bislang verübten Diebstähle auf Betreiben seiner Familie begangen. Derzeit trägt sie ich mit dem Gedanken, sich nach Holland zu begeben, um dort ein neues Leben zu beginnen ..."

*

Längst war Krystyna viel mehr geworden als ein Mensch, denn sie spielte nun die Hauptrolle in einer dicker und dicker werdenden Akte, ahnungslos von den Briefen, die sich mit ihr befassten, hin und her geschickt wurden, verfasst von Menschen, die sie zumeist gar nicht oder nur oberflächlich kannten:

*

Schreiben an das Jugendamt Köln:

„Ich beabsichtige, gegen die Obengenannte aufenthaltsbeendende Maßnahmen durchzuführen, da Frau Psyzora bereits mehrfach straffällig geworden ist. Die vor dem einundzwanzigsten Lebensjahr begangenen Straftaten führten bisher zu mehreren Verurteilungen. Eine positive Prognose über das künftige Legalverhalten der Ausländerin ist in den Urteilen nicht enthalten. Ich bitte nunmehr um Stellungnahme zu den von mir beabsichtigten aufenthaltsbeendenden Maßnahmen ..."

Und das Antwortschreiben des Jugendamtes:
„Die Obengenannte ist mir seit Mitte letzten Jahres bekannt.
Die folgenden Ausführungen stützen sich

auf vorhandene Unterlagen, einem Gespräch mit der Mutter und viele Gespräche mit der Obengenannten, wobei die letzte Unterredung in der Justiz-vollzugsanstalt Köln stattfand. Krystyna Psyzora erlebt den Strafvollzug als eine sehr harte Sanktion. Sie hat angeblich regelmäßigen Kontakt zu der Mutter, kapselt sich jedoch in der Haftanstalt gegen andere ab. Lediglich die tägliche Teil-nahme an der Arbeit unterbricht die selbstgewollte Isolation. Inzwischen lehnt sie auch Besuche des Freundes, der für ihr Straffälligwerden verantwortlich gemacht wurde, ab.

Nach der Haftentlassung möchte Krystyna wieder bei der Mutter wohnen und einer geregelten Tätigkeit nachgehen. Kontakt zum in Polen lebenden Vater besteht angeblich nicht mehr. Seit Krystyna in Deutschland lebt, ist sie ohne Arbeit. Während der ersten Zeit lebte die Heranwachsende bei ihrer Mutter und zog im September mit ihrem Freund in eine gemeinsame Wohnung, die sie jedoch im März des folgenden Jahres wegen Schwierigkeiten mit den Hausbewohnern aufgaben. Sie kehrte dann wieder in den Haushalt der Mutter zurück.

Die Beziehung zwischen Krystyna und ihrem Freund soll sich sehr problematisch gestaltet haben. Die Heranwachsende war im Verlauf ihrer Freundschaft zweimal schwanger und verlor beide Male ihr Kind durch Schläge des Freundes. Krystyna trennte sich wiederholt von ihm, kehrte aber immer wieder zu ihm zurück, sowohl freiwillig als auch unter Druck.

Zum anstehenden Berufungsverfahren berichtete die Heranwachsende, dass sie Berufung deshalb einlegte, weil sie vom Amtsgericht zu Unrecht verurteilt wurde. Andererseits gestand sie freimütig ein, am Tage vor der letzten Verhandlung noch einen Taschendiebstahl in Köln begangen zu haben. Diese Angelegenheit werde sie auch in der Hauptverhandlung nochmals vortragen.

Krystyna Psyzora ist eine recht zierlich wirkende junge Frau. In ihrem Gesamtverhalten gibt sie sich zurückhaltend, misstrauisch und formuliert ihre Antworten sehr vorsichtig, über viele Dinge möchte sie nicht reden.

Krystyna hat kein Interesse an den in der Haft vorhandenen Freizeitangeboten, sondern verbringt die Zeit lieber in der Zelle, die sie sich mit einer älteren Frau teilt.

Ihre Mutter, eine sehr gepflegt wirkende Person, deren Angaben mir äußerst glaubwürdig erscheinen, zeigte sich sehr enttäuscht über ihre Tochter. Sie korrigierte viele Angaben der Tochter, so zum Beispiel deren Aussage, sie zähle sich zu den Sinti. Familie Psyzora sei katholisch.

In Polen habe zu den Sintis keinerlei Verbindung oder Kontakt bestanden. Lediglich fiel der Mutter bereits in Polen auf, dass ihre Tochter zu so genannten „Kirmeszigeunern" Kontakt hielt. Diese Verbindungen seien vom Elternhaus absolut abgelehnt worden. Nachdem Frau Psyzora mit Krystyna in die Bundesrepublik kam, habe die Tochter nach einigen Monaten erneut Kontakt zu Zigeunern in Kerpen aufgenommen. Besonders kristallisierte sich dann ein Mitglied der Gruppe namens Steffi Pulga heraus, der eine intensive Beziehung zu Krystyna aufbaute. In der folgenden Zeit verschlechterte sich das Verhältnis von der Mutter zu dem Freund ihrer Tochter derart, dass es sogar zu tätlichen Auseinandersetzungen zwischen den beiden kam. Außerdem musste Frau Psyzora um polizeilichen Schutz bitten. Gestern sei bei ihr dann ein Telefonanruf der Zigeuner eingegangen, die verlangten, dass Krystyna nach ihrer Haftentlassung nicht zur Mutter gehe, sondern ihren Wohnsitz bei ihnen nehme. Sollte Krystyna aber in den Haushalt der Mutter zurückkehren, so fürchtet sich diese schon heute vor Racheakten.

Wie mir Frau Psyzora weiter erklärte, habe sie schon des Öfteren mit ihrer Tochter darüber gesprochen, ob es nicht besser für sie wäre, nach Polen zurückzukehren. Krystynas Argument, sie habe keinerlei

Möglichkeiten der Aufnahme dort, stimme einfach nicht, weil der Vater in Warschau mit 57 Jahren als Frührentner lebe und sich sehr darum bemüht, die Familienangehörigen zurückzuholen. In Briefen schildere er immer wieder seine Einsamkeit und drängt auf Rückkehr seiner Frau und seiner Töchter.

Zur Zeit fällt es mir schwer, für die Vorgenannte eine günstige Sozialprognose zu stellen, da wesentliche Punkte nicht positiv beantwortet werden können. Dies resultiert aus der geringen Bereitschaft, über wichtige Punkte zu reden. So ist es zum Beispiel noch fraglich, ob Krystyna in Zukunft keinen Kontakt mehr zu früheren Bekannten aufnimmt oder umgekehrt nicht deren Einflüssen in Kürze wieder erliegt. Ein weiterer kritischer Punkt ist ihre Arbeitshaltung und die fehlende Bereitschaft, sich vorhandenen Angeboten zu stellen."

*

Krystyna: „War'n Sie schon einmal in 'nem Gefängnis? Kaum war ich draußen, schon wieder drin. Haben Sie schon einmal in diesen kalten Zellen gelebt? Auf der Pritsche liegt man, starrt an die Decke ... Den ganzen Tag. Und jedes Mal, wenn einer kommt, denkst du: Jetzt gibt's Ärger. Oder: Jetzt kannst du nach Haus."

*

Rechtsanwalt: „Und was soll ich dem Ausländeramt nun antworten?"

Krystyna: „Weiß nich', Herr Rechtsanwalt
..."

Rechtsanwalt: „Wir könnten es vielleicht
damit begründen, dass Sie noch nicht
erwachsen waren. Dass Sie jetzt fast zwei
Drittel ihrer Strafe abgesessen haben und
der Rest auf Bewährung ausgesetzt wird,
weil Sie inzwischen ja reifer geworden
sind ..."

Krystyna: „Und meine Familie hier ...
Schreiben Sie, dass ich wieder auf meine
Nichte aufpassen muss. Und dass ich mir
Arbeit suchen werde."

Rechtsanwalt: „Ihre Straftaten haben Sie
doch immer nur dann begangen, wenn Sie
arbeitslos waren?"

Krystyna: „Ja ... Manchmal hab ich ein
altes Ehepaar aus Polen gepflegt. Aber die
sind nun beide tot ..."

Rechtsanwalt: „Wie haben sie diese Stelle
bekommen?"

Krystyna: „Krüger hat sie besorgt."

Rechtsanwalt: „Krüger?"

Krystyna: „Einer vom Sozialamt. - Hat sein
Büro nur einen Stock höher als der vom
Ausländeramt."

*

Noch etwas ist anders in den Fluren des Ausländeramtes: Die Stimmen.

Fragmente verschiedener Sprachen und Akzente sind zu hören, doch oft ist nur ein undefinierbares Flüstern zu vernehmen. Das sind die neuen. Wer schon oft dort gesessen hat, spricht lauter. Und natürlich die Sachbearbeiter: wenn sie mit ihren „Kunden" sprechen, glauben sie fehlende Sprachkenntnisse durch Lautstärke ersetzen zu können. Dann sind sie selbst durch die geschlossenen Türen im Flur noch zuhören. Bei manchen ist dieses laute Sprechen schon so zur Gewohnheit geworden, dass sie in ihre Diktiergeräte brüllen, als müssten die Damen des Schreibsaals zwei Stockwerke höher direkt und ohne den Weg über die Tonbandkassette mitschreiben:

1. Beamter: „Schreiben an Frau Krystyna Psyzora. Überschrift: Ordnungsverfügung.
Sehr geehrte Frau Psyzora, Absatz,
die von Ihnen zwischenzeitlich beantragte Verlängerung der Aufenthaltserlaubnis wird abgelehnt und Ihnen der weitere Aufenthalt im Gebiet der Bundesrepublik versagt.
Neue Zeile.
Gleichzeitig werden Sie aufgrund des Paragraphen 10 Absatz 1 Ziffer 2 des Ausländergesetzes vom 28.05.1965 (BGBl. römisch eins, Seite 353) in der zur Zeit

geltenden Fassung ausgewiesen. Gemäß Paragraph 12 des Ausländergesetzes sind Sie verpflichtet, das Bundesgebiet unverzüglich zu verlassen.

Neue Zeile.

Ich fordere Sie auf, Ihrer Ausreiseverpflichtung innerhalb eines Monats nach Zustellung dieser Entscheidung nachzukommen.

Neue Zeile.

Sollten Sie dieser Aufforderung nicht Folge leisten, drohe ich Ihnen hiermit die zwangsweise Abschiebung in Ihr Heimatland gemäß Paragraph 13 Ausländergesetz an.

Gemäß Paragraph 24 Absatz 6 wären die Kosten einer notwendigen Abschiebung von Ihnen zu tragen. Begründung…"

Und so weiter, und so fort ...

*

Bei den Rechtsanwälten geht es ruhiger und beschaulicher zu, eher vergleichbar mit der Atmosphäre in einer Arztpraxis. In dem Wartezimmer sitzend, werden verstohlen die anderen Wartenden betrachtet: Der da kommt bestimmt wegen seiner Scheidung, weil seine Frau zuviel Unterhalt fordert. Der andere da hat bestimmt Krach mit seinen Nachbarn ... Und wenn der Herr Rechtsanwalt diktiert, dann sitzt niemand mehr im Wartezimmer und Herr Rechtsanwalt tut das ruhig und bedächtig, so wie Ärzte zu ihren Patienten sprechen.

Rechtsanwalt: „Namens und in Vollmacht meiner Mandantin lege ich hiermit Widerspruch ein. Entgegen Ihrer Auffassung widerspricht Ihre Entscheidung dem Grundsatz der Verhältnismäßigkeit. Absatz.

Meine Mandantin befindet sich seit nahezu sechs Jahren ununterbrochen im Gebiet der Bundesrepublik. Die Einreise erfolgte seinerzeit zusammen mit der Mutter meiner Mandantin. Dabei ist zu berücksichtigen, dass sich ihre Schwester Bianka Schneider seit 1977 ebenfalls in der BRD aufhält. Sie hat durch Heirat die deutsche Staatsangehörigkeit erworben.

Der gesamte Lebensmittelpunkt meiner Mandantin befindet sich somit in der BRD, nachdem die gesamte Familie mit Ausnahme des Vaters hier lebt. Der Vater ist jedoch nach Aussage meiner Mandantin nicht in der Lage, sich um die Rückreise seiner hier lebenden Familienangehörigen zu kümmern, da er sich zur Zeit in polnischer Haft befindet. Absatz.

Artikel 6 des Grundgesetzes stellt die Familie unter den besonderen Schutz der staatlichen Ordnung. Familie in diesem Sinne sind für meine Mandantin die hier in der BRD lebenden Angehörigen. Ausgenommen ist davon nur der Vater. Letztlich haben jedoch gerade die Verhaltensweisen des Vaters - er ist Alkoholiker - dazu geführt, dass meine Mandantin zusammen mit der Mutter in die BRD reiste.

Artikel 6 GG muss über sämtlichen anderen Erwägungen stehen. Aber auch aus einem anderen Grunde steht meine Mandantin unter dem besonderen Schutz des Artikels 6. Sie ist zur Zeit in der achtzehnten Woche schwanger. Vater des erwartenden Kindes ist Herr Stefan Pulga, den meine Mandantin auch heiraten will. Die Hochzeit hat bisher nicht stattgefunden, da meine Mandantin nicht über ausreichende Papiere verfügt.

Im Übrigen ist meine Mandantin wegen der Schwangerschaft aus ärztlicher Sicht nicht reisefähig. Gleichzeitig, mit Aufgabe dieses Widerspruches, beantrage ich beim Verwaltungsgericht Köln die Aufhebung der sofortigen Vollziehung."

*

Krystyna: „Es kam dann zu einem Vergleich. Ich durfte bleiben, bis das Kind kam, musste aber versprechen, bis Ende Februar auszureisen.

Das Baby kam und ich zog wieder zu Steffi. 'Solange die sich nicht melden', sagte Steffi, 'melden wir uns auch nicht'.

Es war eine kleine, laute Wohnung. Wenn

die von oben aufs Klo gingen, haste
gedacht, das fällt gleich von der Decke. Bei
jedem Schritt knarrten die Holzdielen und
von den Nachbarn hörte man ständig den
Fernseher. Das Baby schrie oft stunden-
lang. Und Geld, Geld hatten wir nie
genug."

*

Steffi: „Haste Geld jekrich auf'm Amt?"
Krystyna: „Mmh."
Steffi: „Dann schieb mal wat rüber. - Der
Auspuff von der Kist is kaputt."
Krystyna: „Aber die Kleine braucht ..."
Steffi: „Wat willste? Hier wohne oder ...?"

*

So vergingen die Monate. Krystyna war
längst keine Polin mehr, aber auch keine
Deutsche. Die Sippe, ihre neue Familie,
spielte nach eigenen Spielregeln. Das war
eine andere Welt. Nicht die Welt, die sie
sich wünschte, aber die einzige, von der sie
akzeptiert wurde.

Urkundenbeamtin:
„Die Angeklagte Krystyna Psyzora wird
wegen fortgesetzten gemeinschaftlichen
Taschendiebstahls zu einer Freiheitsstrafe
von einem Jahr und drei Monaten kosten-
und auslagenpflichtig verurteilt. Absatz -

Begründung - Doppelpunkt:

Die jetzt dreiundzwanzigjährige Angeklagte polnischer Staatsangehörigkeit hat
von dem Bruder ihres Mittäters Antonio
Pulga ein Kind. Einer Erwerbstätigkeit ist
sie bisher nicht nachgegangen, aber
fortlaufend durch Diebstähle in Erschei-
nung getreten und viermal verurteilt
worden. Obwohl ihr bezüglich der Rest-
strafe Strafaussetzung gewährt worden
war, begab sie sich am 05. Juli zusammen
mit ihren gesondert verfolgten Mittätern
zum Stehlen nach Bonn. Hier fielen die
drei dem Polizeibeamten Sommers auf, der
beobachtete, wie die Angeklagten am
Markt bei Zuhörern einer Straßenmusik
sich in Taschendiebart Körperkontakt
suchend hinter die Zeugin M. stellten ...

Wenig später beobachtete der Zeuge, wie
die K. und die Angeklagte an einem
Kleiderständer sich an eine unbekannte
Frau heranmachten, die eine Umhänge-
tasche trug, welche die Angeklagte zu
öffnen versuchte.

Die Angeklagte geriet nach ihrer Entlassung erneut unter den verhängnisvollen
Einfluss ihres Freundes. Aus dieser
Verbindung sind zwischenzeitlich drei
Kinder hervorgegangen. Obwohl die
Angeklagte unter den Gewalttätigkeiten
ihres Freundes litt, vermochte sie sich nicht
von diesem zu trennen, weil er sie -
teilweise erneut unter Gewaltanwendung

und Drohung - zwang, die Beziehung aufrechtzuerhalten. Er nötigte die Angeklagte ferner, ihm ihre Sozialhilfe auszuhändigen. Es kann nicht ausgeschlossen werden, dass das Motiv zum erneuten Diebstahl eine durch ihn bedingte finanzielle Notlage war. Zwischenzeitlich, nur wenige Tage vor der Berufungshauptverhandlung, entschloss sich die Angeklagte, Strafanzeige gegen ihren Freund zu erstatten.

Gegen die Angeklagte spricht, dass sie einschlägig vorbestraft ist. Sie hat sich damit als Bewährungsversagerin bewiesen. Auch dass die Angeklagte Mutter mehrerer Kinder ist, ist kein Anlass."

*

Rechtsanwalt: „An die Stadt Köln, Amt für öffentliche Ordnung, Ausländerabteilung. Sehr geehrte Damen und Herren. Absatz.

Die Zwillinge meiner Mandantin mussten aufgrund ihres geschwächten Allgemeinzustandes mehrfach das Krankenhaus aufsuchen. Auch das Kleinkind ist gesundheitlich nicht ganz in Ordnung. Meine Mandantin ist somit noch reiseunfähig. Namens und in Vollmacht meiner Mandantin wird beantragt, dieser bis auf weiteres den Aufenthalt zu gestatten, zumindest bis die Reisefähigkeit der Mandantin und ihrer drei Kleinkinder gegeben ist ...“

*

Krystyna: „Den Zwillingen ging es immer schlechter. Meinem Rechtsanwalt schien das zu freuen, hatte so gut Argument, um ... Wie sagt man? Zeit zu schinden?“

*

Rechtsanwalt: „Die im August geborenen Zwillingsfrühgeburten meiner Mandantin sind zwischenzeitlich schwer erkrankt. Eine Ausreise der Mandantin gefährdet nachweislich beiliegendem Attest Leib und Leben der reiseunfähigen Säuglinge. Als für die Kinder allein Verantwortliche ist sie somit weiterhin reiseunfähig.“

*

Rechtsanwalt: „Frau Psyzora ist der Aufenthalt zusammen mit ihren drei Kindern bis zum 21.04. gestattet und eine entsprechende Duldung erteilt worden. Wir beantragen hiermit bis auf weiteres meiner Mandantin den Aufenthalt zu gestatten. Sie beabsichtigt, in Kürze die Ehe zu schließen. Sie hat diesbezüglich bereits das Aufgebotsverfahren beantragt. Unabhängig davon hat sich meine Mandantin einer dringenden Operation zu unterziehen, die keinen Aufschub duldet ..."

*

Krystyna: „Es wurde immer schlimmer. Arbeiten konnte ich ja jetzt nicht mehr ... - Wegen der Kinder. Steffi fand auch nichts. Wollte auch nicht. Keiner aus der Sippe konnte das länger aushalten, konnte regelmäßig arbeiten. Dafür sind die nich geschaffen ... Ganz anders als Leute so wie Sie. Können aber nix dafür. Ist einfach 'ne and're Mentalität. Und wer hätte uns schon genommen? Mit den Vorstrafen? Dem Lebenslauf?"

*

Vor Gerichtssälen herrscht immer eine seltsame Stimmung. Die Wartenden spüren instinktiv die Macht. Wie benommen sitzen sie da, fragen sich, die Reihe der anderen betrachtend: Wer hat was verbrochen? Wer ist nur Zeuge? Wer ist Angeklagter, wer Kläger?
Richter: „Ihr Name, ihr Beruf und ihr Alter in Jahren?"
Polizeibeamter: „Hans Meyer, Kriminalbeamter, dreiunddreißig Jahre."
Richter: „Dann erzählen Sie mal ..."
Polizeibeamter: „Nun, es waren ziemlich verzwickte Ermittlungen. Zum einen benutzen die Personen des verdächtigten

Kreises diverse Aliasnamen. Zum anderen war keiner innerhalb der betroffenen Sippen zu Aussagen bereit. Erschwerend kam noch hinzu, dass die Straftaten zum Schluss im gesamten Bundesgebiet begangen wurden. Vermutlich konnten nicht einmal alle Straftaten den Verdächtigten zugeordnet werden. Wir vermuten ..."

Richter: „Bitte keine Vermutungen. Wir wollen erst einmal bei den Tatsachen bleiben."

Polizeibeamter: „Nun, ich verweise auf die ihnen vorliegenden Akten, speziell auf die Seiten 215 bis 232. Zwei Personen wurden als Haupttäter ermittelt, weitere sieben Personen als Mittäter. Unter ihnen die Beschuldigte Krystyna Boszko, geborene Psyzora, in 18 Fällen."

Richter: „Kommen wir zum ersten Fall."

Polizeibeamter: „Am 14.02. drang Frau Boszko zusammen mit den gesondert Verfolgten Stephan - genannt Steffi - Pulga und zwei unbekannten Mittätern in das Einfamilienhaus Berliner Str. 98 in Kerpen ein, indem sie einen Stein durch ein Doppelglasfenster warfen. Sie durchsuchten das Haus und entwendeten vier Perserteppiche, eine Pelzjacke, vier Gold- und drei Perlenketten..."

Richter: „Die Einzelheiten kann ich den Akten entnehmen. Gesamtwert?"

Polizeibeamter: „50.000 Mark."

Richter: „Nächster Fall."

Polizeibeamter: „Am 02.03. kaufte die Beschuldigte in Begleitung ihres Freundes auf dem privaten Automarkt am Autokino Pulheim einen PKW. Sie wies sich mit einem Führerschein aus, der auf den Namen „Sabrina Hausmann" ausgestellt war. Mit diesem Namen unterschrieb sie den Kaufvertrag.

In der Folgezeit wurde das Fahrzeug im öffentlichen Straßenverkehr auf Diebestouren im Bereich Köln, Aachen, Erftkreis, Bremen, Wuppertal, Wiesbaden und Bonn benutzt, obwohl der Versicherungsschutz erloschen war."

*

Richter: „Ihr Name, Ihr Beruf und Ihr Alter in Jahren?"

Bewährungshelfer: „Karl-Heinz Dürer, Bewährungshelfer, zweiundvierzig Jahre, nein dreiundvierzig."

Richter: „Aussagegenehmigung liegt vor?"

Bewährungshelfer: „Ja."

Richter: „Sie sollen uns helfen, ein genaueres Bild von dieser Frau zu bekommen. Hat sie Ihres Wissens noch Kontakt zu diesem Herrn Pulga?"

Bewährungshelfer: „Ja. Bei meinen unangekündigten Besuchen habe ich ihn wiederholt dort angetroffen. Sie hat mir öfters erzählt, sie habe Angst und könne sich nicht gegen den negativen Einfluss dieser Sippe wehren ... Sie sei ihr hilflos ausgeliefert ... In der Tat ist meine Probandin in den letzten Monaten wiederholt von Herrn Pulga geschlagen worden, wenn er betrunken war. Auch nimmt er der Probandin häufig die Sozialhilfe ab. Trotzdem und trotz der Hilfsangebote ist es ihr nicht gelungen, sich zu lösen."

Richter: „Würden sie sagen, dass sie ihm hörig ist?"

Bewährungshelfer: „Ja. Alle Sozialorganisationen wie das Jugendamt und der Caritasverband konnten sie nicht motivieren, sich von Pulga zu lösen. Alle ihr gebotenen materiellen Hilfen durch diese Organisationen und Institutionen führten zu nichts."

Richter: „Flossen wie durch ein Sieb ins Leere, sozusagen."

Bewährungshelfer: „Ja, so kann man sagen ... Hinzu kommt, dass durch die häufigen Streitigkeiten zwischen Frau Boszko und Pulga die Kinder litten und leiden. Häufig kommt er nachts betrunken in die Wohnung von Frau Boszko und randaliert. Auch hat Pulga versucht, den ältesten Sohn von Frau Boszko, den zweijährigen Domingo, als dieser nachts weinte, mit einer Flasche zu schlagen. Und nicht zuletzt werden die Kinder nicht richtig versorgt, weil ein Teil der Sozialhilfe der

Sippe zufließt."

Richter: „Was haben Sie für einen Eindruck von der Reife der Angeklagten?"

Bewährungshelfer: „Sie versteht es, alle sozialen Einrichtungen um Hilfe zu bitten. Doch sie verlässt sich auf diese ihr zumeist gewährte Hilfe, ohne sich selbst um ein geordnetes und straffreies Leben zu bemühen. Eigene Schritte geht sie nur, wenn es um ihre Ausweisung geht."

Richter: „Zum Beispiel?"

Bewährungshelfer: „In meiner Sprech-stunde erzählte sie mir ganz offen, dass sie eine Scheinehe eingehen wolle, um in der BRD zu bleiben. Sie habe auch schon einige Männer gefunden, die dazu bereit waren, aber Geld forderten. Einer jedoch, ein Herr Boszko, war dann auch unentgeltlich dazu bereit. Wenn ich meine Meinung sagen darf ...?"

Richter: „Sagen sie."

Bewährungshelfer: „Langfristig wäre es besser, sie ginge nach Polen zurück. Für sie und ihre Kinder. Damit sie endlich diesen negativen Einflüssen der Sippe Pulga ent-kommt. Sie hat offensichtlich nicht gelernt und ist auch nicht in der Lage, die hier im Westen gewährte Freiheit sinnvoll zu gebrauchen."

Richter: „Womit sie nicht alleine steht. Aber ihr wurde dann doch eine Aufenthaltserlaubnis erteilt?"

Bewährungshelfer: „Zunächst für ein Jahr,

aufgrund ihrer Heirat mit einem deutschen Staatsangehörigen. Als sie sich bereits kurz nach der Eheschließung wieder vom ihm trennte, leitete das Ausländeramt wieder aufenthaltsbeendende Maßnahmen ein. Als sie hiervon erfuhr, erklärte sie, die Lebensgemeinschaft wieder aufnehmen zu wollen, sobald ihr Ehemann aus dem Gefängnis entlassen werde."

Richter: „Aber als dieser entlassen wurde, zeigte er sie bei der Kriminalpolizei an."

Bewährungshelfer: „Er beschuldigte sie, einen entwendeten Pelzmantel in der Wohnung zu lagern. Bei einer Hausdurchsuchung wurde dieser sichergestellt. Als Eigentümer wurde die Firma Kaufhof ermittelt. Frau Boszko sagte mir gegenüber aus, dass sie diesen Mantel von ihrem Ehemann geschenkt bekommen habe. Ich vermute, er wollte sie auf diese Art wieder loswerden."

Richter: „Hatte sie zu diesem Zeitpunkt noch Kontakt zu Herrn Pulga?"

Bewährungshelfer: „Meines Wissens nicht. Die Kinder waren zwischenzeitlich in einem Kinderheim untergebracht, zumindest die beiden Zwillinge. Solange ihr Ehemann einsaß, hielt sie sich in dessen Wohnung auf. Kurz nach seiner Entlassung und nach seiner Aussage wegen des Pelzmantels zog sie jedoch wieder zu der Zigeunersippe ..."

Richter: „Und wurde wieder aktenkundig

..."

*

Krystyna: „Es war wie ein laufender Kreis. Ich kam da nich' mehr raus. Zum Schluss wollte mir auch keiner mehr helfen. Das Jugendamt, mein Bewährungshelfer, die Frau vom Caritas, meine Mutter ... Keiner ... Und alleine war nix zu machen. Ich hatte nur Steffi. - Steffi und die Familie von dem."

*

Urkundenbeamtin: „Amtsgericht Bonn, Beschluss in der Strafsache gegen Krystyna Boszko, geborene Psyzora, verheiratet aber getrennt lebend, polnische Staatsangehörige, mehrfach vorbestraft, wegen Diebstahls. Es wird aus den bisher vorliegenden fünf Urteilen gebildeten Gesamtstrafen eine neue Gesamtfreiheitsstrafe von einem Jahr und sechs Monaten ohne Bewährung gebildet.
Aus den Gründen, abgekürzt gemäß Paragraph 267 Absatz 4 Straf-Prozessordnung: Die Verurteilte wurde bereits mehrfach, hauptsächlich wegen Diebstählen und Beteiligungen an Einbrüchen, zu Freiheitsstrafen auf Bewährung verurteilt.
Hierbei war das Gericht immer wieder davon ausgegangen, dass sie sich bessern

und einen neuen Weg einschlagen würde. Dem Gericht war nicht bekannt, dass noch während der Verfahren weitere Straftaten unter dem Einfluss ihres Freundes Steffi Pulga begangen wurden.

Bei der Zumessung der neuen Gesamtstrafe hat das Gericht zu Gunsten der Verurteilten berücksichtigt, dass sie offenbar nicht im kriminellen Milieu groß geworden ist, sondern erst hier zum Diebstahl, insbesondere Taschendiebstahl, erzogen wurde. Sie kam nicht als Kriminelle nach Deutschland, sondern sie wurde erst hier zur Kriminellen gemacht.

Zu ihren Lasten fiel jedoch in die Waage, dass diese Art des Diebstahls besonders verabscheuungswürdig ist, mit berufs- und gewerbsmäßigem Geschick ausgeführt an den schweren Diebstahl heranreicht und hierbei die Dunkelziffer extrem hoch liegt. Zur Einwirkung auf die Verurteilte und Abschreckung anderer erscheint daher eine Gesamtfreiheitsstrafe von einem Jahr und sechs Monaten erforderlich, wie sie die Staatsanwaltschaft beantragt hat.

Eine Aussetzung dieser Strafe zur Bewährung kam ernstlich nicht in Betracht. Freiheitsstrafen von mehr als einem Jahr dürfen nach Paragraph 56 Strafgesetzbuch nur ausnahmsweise dann zur Bewährung ausgesetzt werden, wenn dies ganz besondere Umstände rechtfertigen. Für diese gibt es hier jedoch keinerlei Anhaltspunkte.

Wäre die Fülle der Verfehlungen bereits früher bekannt gewesen, so hätte das Gericht schon damals die Strafe nicht noch einmal zur Bewährung ausgesetzt. Schließlich sind auch in jüngster Zeit weitere Verfahren gegen sie anhängig geworden. Es bedarf daher dringend der Strafvollstreckung zur Einwirkung auf die bisher unverbesserlich Verurteilte und auch zur Abschreckung anderer, wenn sich die Justiz nicht durch unverantwortliche Nachsichtigkeit geradezu lächerlich machen und den Schutz älterer und weniger gutsituierter Menschen, die erfahrungsgemäß meist Opfer von Taschendieben sind, gröblich missachten will."

*

Polizeibeamter: „Der Polizeipräsident Köln, Schreiben an: Stadt Köln, Bezirksamt 6. Betreff: Krystyna Boszko, geborene Psyzora, gemeldet für Köln, Hauptweg 44. Absatz.
Nach unseren Feststellungen ist die oben Genannte unter der angegebenen Anschrift nicht mehr wohnhaft. Ihr derzeitiger Aufenthalt ist unbekannt. Ich bitte, das amtliche Abmeldeverfahren einzuleiten.
Diese Feststellungen wurden getroffen durch:
Meyer, Kriminaloberkommissar."

*

Krystyna: „Die großen Städte zerstören
alles. Wenn Schnee fällt, bleibt er nur ein,
zwei Tage weiß. Dann wird er grau ...
Schmutzig ... Und so geht es auch den
Menschen dort ..."

*

Nachtrag des Verfassers:

„Krystyna" ist eine Dokumentation aus der Zeit vor Polens EU-Beitritt, 1991 zusammengestellt aus der fast dreihundertseitigen Akte eines Ausländeramtes.
Die Rechtsgrundlagen sind seit dem EU-Beitritt Polens im Jahr 2004 Geschichte. Heute würde sich kein Ausländeramt mehr für eine eingereiste Polin interessieren.

Örtlichkeiten, Namen und Aktenzeichen wurden aus Gründen des Datenschutzes geändert.

Kay Löffler, geboren 1958, absolvierte nach Abschluss seiner Schulausbildung zunächst eine Ausbildung in der öffentlichen Verwaltung. Später unterbrach er seine Laufbahn, übte andere Tätigkeiten aus und bereiste unter anderem den vorderen Orient, Nepal, Indien und Sri Lanka. 1987 kehrte er endgültig nach Deutschland und in die Verwaltung zurück.

1999 erschien sein Debütroman „Ermittlungsdienst Chorweiler", in dem er seine Erfahrungen als Ermittlungsdienstleiter des Ordnungsamtes dieser Kölner Trabantenstadt verarbeitete. 2001 erschien der Roman „Dorf der Wolkenmacher"

www.kayloeffler.eu